Primeiro campo da guerra

Primeiro campo da guerra

Patricia Pedrosa

© Patricia Pedrosa, 2021

Editor
Rodrigo de Faria e Silva

Revisão
Diogo Medeiros

Projeto gráfico
Carlos Lopes Nunes

Diagramação
Estúdio Castellani

Capa
Carlos Lopes Nunes

Dados internacionais para catalogação (CIP)

P371p
Pedrosa, Patricia
Primeiro campo da guerra / Patricia Pedrosa – São Paulo: Faria e Silva Editora, 2021
136 p.

ISBN 978-65-89573-35-7

1. B869.1 – Poesia brasileira

FARIA E SILVA Editora
Rua Oliveira Dias, 330 | Cj. 31 | Jardim Paulista
São Paulo | SP | CEP 01433-030
contato@fariaesilva.com.br
www.fariaesilva.com.br

Sumário

CHAMADA, 11

    resiliência, 13
    PSC, 16
    fotossíntese, 17
    vírgula, 20
    espectro, 21
    comecei a escrever um poema sobre a preguiça, 22
    sexo, 25
    referência, 27
    novidade, 28
    não ser tanto quanto outra coisa, 30
    estou presa, 31
    as horas, 32

SEGUNDA CHAMADA, 35

    bom tempo, 37
    estou vivendo um caso de amor, 39
    ela não gosta de cama desarrumada, 41
    breu, 43
    remanso, 45
    vacilação, 47
    semelhança, 50
    Tito e Rosa dormem ao meu lado, 52
    a Maria me encarou, 54
    a franja, 56
    dias depois, 58
    receita para o dia mais feliz da sua vida, 59
    ressaca, 63
    faro, 64

TERCEIRA CHAMADA, 65

o que posso ser, 67
dicionário, 69
ele acendeu um cigarro, 70
no ouvido, 72
estou fugida, 73
poema do mal dito, 74
a facílima arte de andar para trás, 75
desculpe, 77
fim de carreira 1, 78
outra, 79
confusão, 80
abismo, 81
VA, 82
ponto de vista, 83
uma criança chora, 85
filhos, 86
plano incompleto, 87
naquele domingo, 88
naquele sábado, 89
naquela sexta, 90
a boa face do descontentamento, 91
descartes, 93
portrait, 94
rotina, 95
estupidez, 96
fim de carreira 2, 97
discordância, 98
obituário, 99
fuga, 100
a-tirar-se, 103

QUARTA CHAMADA, 105

dentro de mim cresceu uma vida, 107
tenho ideias boas para coisas ruins, 108
analgésico, 109
não dê rumo a feiticeira, 111

não, 112
manual do diretor, 113
o que não quer calar, 116
sonho erótico, 117
zênite, 118
poesia é, 119
a boca, 120
visita inusitada, 121
a resgatar, 122
meditação, 123
mundo animal, 124
equação das simples resoluções, 125
revolver-se, 126
relativo, 127
excesso, 128
tempos modernos, 129

ÚLTIMA CHAMADA, 131

Para Graça

Chamada

Helena
Tito
Rosa
Inês

mãe
pai
filha
avó

trinta e cinco
trinta e oito
dois
oitenta e quatro

não risco
não risco
não risco
risco

resiliência

Rosa dormia ao meu lado
tentei acordá-la
soneca pesada
Rosa, acorda!
meu amor, acorda!
já está de noite
acorda!

a boca aberta
os bracinhos esticados
a barriga pra cima
os olhos cerrados

desci as escadas à procura de um abraço
um beijo, talvez
difícil, mas talvez

senti um peso, a cada passo mais forte
a cada passo, o peso mais forte
era Tito

deitado no sofá
imóvel
hipnotizado por um resto de desenho animado
não mais animado
pausado

seria uma suspensão do tempo?
aquele pintinho amarelinho
no meio de sua estrofe

e um homem com os pulmões parados
com os olhos mortos
morto

aproximei-me

tenho pensado em coisas boas
planejado brincadeiras com nossa filha
estudado Einstein, lido Morrison
decorado umas poesias para quando tudo acabar
e eu puder abraçar de novo
e falar ao pé do ouvido
de um estranho ainda
vivo

o tempo não estava suspenso

tenho aprendido a cozinhar
doces
e escrito para não enlouquecer
para depois ler e dizer
que merda
que bom
sou uma farsa
sou a coisa mais maravilhosa do planeta

os pulmões em movimento
os olhos vivos me encararam

tenho pensado em ter outro filho
já falamos sobre isso tantas vezes
decidimos que seria a hora
e vem esse troço agora
pra bagunçar de vez

vivo estava vivo

mas sigamos em frente
como se houvesse amanhã
e ele fosse lindo
e leve
e com saúde e passeios em shoppings
com esperas em aeroportos
e beijos na boca e esperanças atrozes

PSC

subi as escadas à procura de um abraço
um beijo, com certeza
difícil, mas com certeza

senti uma calmaria, a cada passo mais forte
a cada passo, a calmaria mais forte
era Rosa

fotossíntese

I

recebo mensagens de amor
por sementes que plantei
há tempos
em lugares
imaculados, pecaminosos
livres, comprometidos
solos de amizades sinceras
ou passageiras

II

costumo cavar fundo
sujo as mãos, que depois passam dias
com terra embaixo das unhas
preciso lidar com olhares demasiados
julgadores pelo acúmulo dos vestígios
que multiplicam-se
o material que encontro
no caminho
não desperdiço, não guardo, não descarto
nem coleciono

planto

tenho grupos de sementes que divido,
aleatoriamente, pelo meu terreno
as formas não precisam ser as mesmas

para que cresçam juntas e floresçam
noto, em meu jardim, acontecimentos
que contradizem a ciência
aqui, espécies distintas podem gerar resultados
análogos

a água que uso não é pura e, talvez,
seja esse o segredo
há, nela, vestígios de harmonias,
movimento e palavras
com notas de purpurina,
cúrcuma, mel e aquela plantinha
dormideira
que se fecha ao toque brusco e
desabrocha à revelia alheia

III

com o corpo limpo
de qualquer resto mal quisto
respondo, tempos depois,
às mensagens de amor
deposito coragem
por terem concedido substância
sensível
compatível ao meu campo
prolífero, generoso

aguardo retornos que não vêm
estranho
culpo-me
busco erros

checo, inúmeras vezes, a caixa de correio
hiato

falhei
em meu líquido turvo
oxigênio não há
no esforço inútil
de respirar
a vida se esgarça

não ensinei meus frutos a procriar

vírgula

sofro de excesso de vírgulas
jogo-as, desordenadas, a cada respiração
importa pouco ou quase nada estarem entre sujeito e
predicado
distribuo-as, justamente, para que encontro não haja
como quem não quer findar uma frase
agarro-me ao tempo que delas extraio
pausas dramáticas ou de dispersão
com elas, (im)peço que Maria, mate João!

espectro

eu nunca senti
a fome
de Carolina
a fome
de Carolina
era amarela
a minha
é azul Royal

I

comecei a escrever um poema sobre a preguiça
mas a preguiça era tão grande que
melhor esperar a preguiça passar

queria muito falar sobre a preguiça
esse estado de preguiça que
sono

o sol invade a janela
fecho os olhos e a culpa vem
estou aqui sem fazer nada
enquanto o mundo
se reinventa

mesmo fechada num quarto
há que caminhar
o tempo se achega
depois, cobra
e aí, tarde demais
os filhos cresceram
o casamento acabou
a mãe morreu
o pai enfartou

quem sabe um dia falar
sobre a morte
hoje não dá
há tempo demais até ela chegar

mas sobre a preguiça eu podia escrever
decifrar o pecado
tentar resolver essa falta de coisa
que impede um tanto de coisa
de acontecer

II

é só descansar
não muito, um pouquinho
coisa de cinco enta minutos
eita! não diga que
anoiteceu
que horas foi isso?
esse quarto é o meu?

mas, peraí,
que o poema já sai

tá fazendo o quê?
trabalhando, ué
falta muito?
um pouco
vou descer
vai indo lá!

vou só escrever um poema
quando a preguiça passar

corro pra cima
(desse poema?)
e começo a ler
vai lá, lê de novo
me diz se concorda
que posso parar no
anoiteceu
ou
que horas foi isso?
ou
esse quarto é o meu?

sexo
quero sexo

quero mãos apertando minha bunda
pés roçando nos meus sussurros
sujos ao ouvido
puxões de cabelo
de quatro arquear minhas costas
e levar um tapa estalado
violento e certeiro
para saciar meu desejo

sexo
preciso de sexo

sentir
teu membro rígido
em meu ventre
e fazer movimentos
nos ritmos dos teus
encostar meus seios
em teu peito
friccionar meu clitóris
em teus pelos
e gozar
pelo menos uma vez
quem sabe duas
quem sabe três

enquanto olho
tua cara de safado
me comendo
esqueço que te odeio
que não mais te quero

do mal que me faz
de tudo que fujo
do quanto reclamo
do seu mau humor
de todas as brigas e persuasões
das putas que come
das cantadas baratas
em outras garotas
que não valem nada
assim como
eu

referência

ao ler os grandes
apequeno-me
ao adentrá-los
desisto

Deus fez-me grão
de cor comum
e forma simples
com arestas difíceis de aparar
e desejos inatingíveis

não basta criar
se o ser é pouco
e a vontade é cesta
de algodões
que protegem do impacto
mas acomodam sensações

quisera eu ter nascido semente
pra ganhar água, luz e terra
crescer e depois nutrir
deixar herança
permanecer
poder morrer
descansar enfim
ter sido alimento
e deixado raiz

novidade

Rosa pintava no chão
como se há pouco começasse
Tito falava com vozes estranhas
masculinas, femininas
Inês espalhava brinquedos ao sol
repletos de mofo
como há muito esquecidos
Eu tentava, em vão, despertar
como se despertar fosse preciso

Rosa corria pela casa
com a energia que lhe aprazia
Tito já não existia
as vozes se confundiam e discutiam e disputavam o espaço
do meu silêncio
enquanto Inês cozinhava
aquelas batatas não mais de Coimbra
e eu não mais de roupa
pensava era mesmo no que vestir

meu estoque de combinações caseiras
jaz amontoado no cesto do armário
seria um acinte escovar os dentes, tomar um banho,
pentear o cabelo
quando os pensamentos seguem sujos,
doloridos e amargos
quando os dias da semana se confundem com os fins e as
horas
com minutos e os segundos
com agora?

nada mais tem seu tempo definido
a insensatez da finitude se converte em caos
alguém chora
quem chora?
quantos choram lá fora!

não ser tanto quanto outra coisa
eu não gosto que você goste de mim
trocaria as cartas de amor
por ofertas de ódio e más profecias
se não posso lhe corresponder
suma como raio de sol em dia nublado
pare de me contar sonhos
encharcados de desejos tórridos
volte a falar do cotidiano e, apenas,
rotineiramente
quero saber da sua tia, do seu gato,
ou de qualquer outro parente
vamos jogar cartas, deixe-me perder
sem presentear-me com conquistas impróprias
porque amo-te como passarinho
que voa alto e retorna ao ninho
distante porém dileto
no âmago e, no entanto, vizinho

estou presa
há quase quatro horas
estou presa

pessoas falam ao meu ouvido
coisas que não precisam ser ditas
que em uma frase se explicariam

estou presa
quero ir ao banheiro
comer meu pão com geleia
cortar a unha do pé

alguém precisa dar fim a esta agonia
mas a cada esperança
um novo indivíduo surge a falar
coisas que não me importam
por que não os chamam apenas no celular?

preciso de coragem pra dizer adeus
seria prudente sair, sumir
dariam falta de mim?

repasso as horas
são muitas, são quatro
teria lido um pequeno livro
escrito um conto perdido
lavado as roupas de cor
limpado lavabo e corredor
teria feito comida pra semana
e brincado com Rosa, Tito, Inês
talvez preferisse até
perder-me em meus lençóis outra vez

as horas

de que valem as horas
se não me acordam pela manhã
e me deixam esquecer
da vida
e de tantas outras vidas
que há dentro dela?

de que valem as horas
se não me preparam o almoço
e me deixam transformá-lo em jantar
com pratos de sobremesa
talheres no escorredor
e restos do dia que passou?

de que valem as horas
se não trazem bons livros
e permitem que me perca
em graves notícias
censuras
e vidas alheias?

de que valem as horas
se não pegam vassouras
para junto comigo
limpar desenganos
livrar a ansiedade
que a fundo consome?

de que valem as horas
se já não distinguem
o tempo
não permitem futuro marcado
não separam passado e
presente?

Segunda chamada

Helena
Tito
Rosa
Inês
Ana

mãe
pai
filha
avó
cachorro

trinta e cinco
trinta e oito
dois
oitenta e quatro
dois meses

não risco
não risco
não risco
risco
riso

bom tempo

acordei estonteante
achando a vida bela
o futuro promissor
gostando da minha casa
das minhas coisas
de mim

olhei-me no espelho e,
pela primeira vez em semanas,
achei-me bonita
sorri diversas vezes
forcei a expressão
não vi tantas rugas assim
o nariz soou delicado
os olhos não esbugalharam
o cabelo avolumou-se
não sei
algo estranho aconteceu

minha filha dançava músicas que não conhecia
com toadas agradáveis ao ouvido
Inês lavava a louça enquanto ria
pelo mordiscar de Ana em seus pés
Tito varria o chão da varanda
com um dissipar belo, compassado

de súbito, perguntei-me
por que o de sempre me causava tanta paz?
meu rosto de sempre
minhas pessoas de sempre
suas ações de sempre

acho que foi porque desejei estar lá
para sempre
com meu corpo de sempre
com minhas pessoas de sempre
com aquelas ações de sempre
sempre
sem pressa pra voar

para ela

estou vivendo um caso de amor
irrevogável
que me tira o ar
que preenche o vazio dos dias
que me faz querer continuar a acordar
para depois dividir e ressignificar
cada gesto, dúvida ou palavra

tenho vivido um caso de amor
que apenas quer de volta o sorriso
transformado em abraço
e a voz retornada em canto
e o chamado respondido no ato

já não quero ter casas de praia ou de campo
nem fazer viagens que me esvaziem as contas
nem comprar roupas caras que me deixem mais bela
ou buscar soluções que aliviem minha dor

pois ela não mais existe
não mais me atormenta com sua ansiedade
fincou terra firme e distante
ultramarina, extraviada

quero ter
mas ter-te em meus braços
até que só caiba nos teus
beijar teu corpo, teu rosto, teus cabelos
mesmo que já não queiras sentir o meu toque
e busques em outros teu bem mais querer

quero cantar em teus ouvidos
até quando preferires canções desconhecidas
quero contar-te minhas histórias
até quando não quiseres escutá-las sobre mim
quero caminhar contigo, minha pequena,
até quando minhas pernas se animarem a seguir
e, mesmo depois, quero olhar bem no fundo dos teus olhos
até quando os meus, cansados, decidirem partir

ela não gosta de cama desarrumada
eu não gosto de arrumar cama
ela dorme em lençol colocado em cima da colcha
traz cobertor descasado e avulso
só para não desfazer a cama
eu me enrolo na colcha, babo no lençol
me esparramo como ponteiros de um relógio
pra justamente aproveitar bem a cama

ela vem, sorrateira, na hora do café
nos minutos de minha ausência
(para que me deite em sua presença)
arrumar lençol
esticar colcha
posicionar travesseiros
que serão bagunçados todos
por partes muitas de meu corpo

ontem mesmo, perguntou:
você faz como
quando precisa deitar-se
em cama desarrumada?
faço como?
deito e durmo
e pronto

hoje cedo, visitei seu quarto vazio
encontrei cama esticadinha
em perfeita harmonia
joguei-me bem no meio
puxei travesseiro e
envelopei-me nas barras da colcha
tirei um cochilo

acordei, espreguicei-me, espalhei
levantei-me, observei e deixei
aquela bagunça como um presente
(para que deitasse em minha ausência)

breu

já não me lembro da última bolsa que usei
da roupa que vesti
dos brincos e do colar que coloquei
do perfume escolhido pra sair
não me lembro do último encontro que tive
do último abraço que dei
do beijo que recebi
não sei se o tempo era de sol ou de chuva
se havia muita gente na rua
se os carros engarrafavam

tudo é esquecimento

já não me lembro se gosto de comida japonesa
de fotos com rosto colado
de aula de yoga em grupo
de cinema, teatro lotado
de andar de avião pra destino novo
de manifestação pra salvar o mundo
de parabéns de festa infantil
de brinde de fim de ano
de guru filosófico
de pacto de sangue

é esquecimento

já não sei dos amigos que tenho
nem se o tempo tem passado pra eles
assim como desfila pra mim
fotos de perfil não envelhecem

na mesma velocidade que minha memória
se desmemoria
seria artesã, bailarina, arquiteta
ou fadada a nada
ser

esquecimento

remanso

tenho passado bem
um estado de euforia me consumiu
comecei a falar alto
gritei por vezes
flagrei olhares desconfiados
quebrei copos
estraçalhei brinquedos
que se colocaram em meu caminho
resolvi parar de depilar o corpo
assisto orgulhosa ao crescer das matas
no meu quintal de trás
no meu jardim da frente
não mais tomo banho
nem perco tempo escovando os dentes
o mau hálito matinal eu aniquilo
com pedaços de chocolate que derretem
em minhas mãos voluntárias
magneticamente encontrando ação
no robe amarrotado e sebento
que cobre meu tronco nu
a poeira coleciono
fazendo desenhos com o indicador em móveis
opacos, não saturados
abarrotados de contas vencidas
sacolas de marca e maços vazios
acho bichos voadores na despensa
e sigo seus rastros até sacos de arroz, feijão e farinha
onde seus filhotes de minhoca
crescem saudáveis e cheios de esperança
atiro-os na panela quente

assisto às suas mortes
para depois desfrutá-los num banquete assassino
ligo televisão, ventilador, luz de teto
passo cinco horas seguidas espionando
vidas alheias
num balé manual e carinhoso
com movimentos circulares
sempre de baixo pra cima
de baixo pra cima
quando já não consigo distinguir
uma bunda de uma cesta de frutas
entro no site pornô
digito brutal gangbang
orgasmo
relaxamento
sono
sonho
e tudo de novo, porque tenho passado muito bem

vacilação

acabei de chorar
um choro rápido, profundo
eficiente ao atingir um estado de emoção
quase catártico
que desapareceu feito fumaça
feito álcool ao ar livre
deixei lágrimas caírem
fiz questão de não limpá-las
não deu tempo do nariz escorrer
o choro arrefeceu
e aí voltei a escrever sobre a queda de Inês
e lembrei de como gritei
quando a vi atirada ao chão
segundos após ouvir seu grito
lancinante
ajoelhei-me
coloquei sua cabeça em meu colo e
fiz a pergunta que mais temi nos últimos dias
está tudo bem?
meu braço dói
só o braço?
só
respirei fundo, agradecida
a quem fosse o responsável por ter amortecido
a queda
daquela senhora de
oitenta e quatro anos

acabei de voltar a chorar
um choro ligeiro, melódico

compassado
eficiente por me fazer experimentar algo
novo
dessa vez, fiz careta
forcei lágrimas que caíram com dificuldade
mas que me deram tempo suficiente
para sentir a secreção escorrendo nariz abaixo
funguei
funguei forte
o que não voltou, esfreguei com a mão
não a limpei
esperei que o líquido evaporasse
e que seus vestígios grudassem
feito cola print de trabalhinho da escola
e aí voltei a escrever sobre o ataque que dei hoje
quando a minha cadelinha Ana
atacou os pés de minha pequena Rosa
e ela gritou pelos dentes afiados
arranhando sua pele macia e
clamou por meu nome
como se o mundo acabasse e eu fosse sua
única salvação
corri como um gato
ao encarar um estranho
puxei-a para meus braços
numa destreza impressionante
mas insuficientemente eficaz
para afastar a fera de
cinquenta centímetros
que seguiu mordendo meus pés, tornozelos
rasgando minha calça
enquanto girava feito bailarina de caixa de música
dançando a morte do cisne
numa tensão terrorista e dramática

gritando em cadência incapaz
de retirar meu marido do varrer de folhas
para salvar-nos da maior ameaça já sofrida
por mãe e filha indefesas
precisei ser bastante assertiva
ao xingá-lo de nomes
presentes em qualquer imaginário
mesmo pueril, e
exigir seu socorro sob pena de
divórcio

E, agora, choro
mais uma vez
lentamente, baixinho
aproveitando o momento pra ter certeza
de que as angústias descerão junto às lágrimas
abrindo espaço para a ansiedade
que tem consumido tempo
envelhecido pele e pensamentos
e transformado a respiração em algo sonoro
aflorada em sua presença
quando deveria ser
ausente em sua permanência
alterando o ritmo da vida
já tão violentado pelos acontecimentos diários
horários
seguindo segundos de
agonia
aflição
dúvida e
miséria

nunca pensei que pudesse empobrecer tendo tanto

semelhança

eu andei pelas ruas ao seu encontro
numa cidade longe daqui
cheguei àquele lugar
que não conhecia
mas que me era
familiar

havia bailarinas
havia sapatilhas, saias, fantasias
a música era clássica
não consigo lembrar
a melodia
mas era clássica
como nos balés
nos concertos, nas óperas
pulsante

uma moça estava sentada
perguntou-me se faria
tive vergonha
há muitos anos não dançava
quinze, vinte, mais
melhor não
desistiria

foi quando ela chegou
vestia rosa
inteirinha
e sorriu

e pareceu feliz
ao me ver
surpresa

subitamente coragem
seu olhar tenro
me tirou pra dançar
e eu fui

não sei se dançamos
acordei

Tito e Rosa dormem ao meu lado
respirações constantes
máquinas
trabalhando no repouso

tanto faz ter olhos
abertos ou fechados
interior e exterior de mim
são breus
pensamentos ruins
se misturam
com ideias boas
coração acelerado
por vezes, cansa
e aquieta
até que se lembre
das pendências
dos pecados
das carências
e me ponha sentada
na cama
nua
com seios pesados
as costas cansadas
o ouvido zumbindo
a bexiga apertada

será inevitável
olho o relógio
o dia amanhecerá
em curto espaço de tempo
preciso me levantar

tomo coragem
tateio objetos, abro porta
em paredes me apoio
resolvo o que me cabe
naquele momento
e volto pros lençóis
ainda quentes
bagunçados
e inundados de memórias
que vivem na luz escassa
e só descansam ao ver o sol
nascer

a Maria me encarou
desconfiada
com olhos de quem tem muito a falar
a cara de poucos amigos
o ombro virado pra dentro
a bolsa fazendo
fronteira
os gestos fazendo
fronteira
palavras fazendo
fronteira

a Maria deu um sorriso
aqueles de canto de boca
pesquei tudo
naquele instante
havia amor tão longe da dor

a Maria falou sem parar
como quem precisa
jogar fora o acúmulo,
o que não presta
o que pesa
Maria é leve
voa, Maria!

E lá de cima
longe o bastante
sem ser vista
Maria grita
você vem?

eu fui
cá estou

o topo é belo
dá medo
vê-se muito
vê-se mais
muito mais
do que poderia
sem Maria

mas Maria gosta de domingos
e domingos são engraçados
e belos
e tristes

a franja

sempre quis ter uma franja
minha mãe não me cortou uma franja
quando era permitido e fofo ter franja
eu era uma das únicas sem franja

ela dizia que meu cabelo não era pra franja
que ia enrolar com a franja
que eu ficaria horrível de franja
eu acreditei e cresci sem franja

passei anos admirando pessoas com franja
pesquisando imagens de franja
dobrando o cabelo na testa tipo franja
torcendo para que um dia encontrasse coragem pra franja

tratei na análise a vontade da franja
custou-me um dinheiro não ter tido a franja
virei uma velha que não teve franja
uma criança velha que sonhava com uma franja

depois já não quis mais franja
depois quis de novo a franja
quanto mais pra depois a franja
mais ridículo seria ter franja

eu precisava daquela franja
pra observar o caimento da franja
pra torcer pelo crescimento da franja
pra seguir a vida com ou sem franja

fiz cálculos para a vida com franja
pedi férias para ter a franja
para dar tempo de me esconder com a franja
para ninguém ver quão ridícula eu ficaria com a franja

chegou a noite da franja
olhei tutorial, calculei movimentos e cortei a franja
olhei no espelho e gostei da franja
veja bem, eu gostei da franja

e ri da franja e ri de mim com a franja
e fiquei feliz com a franja e tirei foto de franja
e mandei para todos os amigos minha foto de franja
olha, eu tenho uma franja onde antes não havia franja!

dias depois

minha mãe estava certa sobre a franja
era melhor mesmo não ter cortado a franja

receita para o dia mais feliz da sua vida

Ingredientes (outras opções vide *modo de fazer*):
- cama;
- despertador;
- livro;
- umx filhx;
- quarto sujo, vassoura, pá, pano de chão, desinfetante, flanela, balde, som e um ser humano;
- pão e geleia;
- grama;
- cachorrx;
- uma encomenda;
- café;
- filme já visto;
- celular, amigxs, vinho, cigarro e poesia (pode trocar o vinho por outro fermentado e o cigarro por charuto ou cachimbo; não há outras opções para os demais itens);
- linguajar chulo;
- órgão sexual;
- dia fértil;
- chuveiro com água, sabonete, shampoo, condicionador e creme da dermatologista;
- coisa gostosa;
- episódio de série nova;
- filhx, jardim de inverno e bolinhas de sabão;
- lua cheia;
- parceirx, filhx, papel e caneta;
- copo d'água gelado;
- leite no peito;
- inteligência;
- corpo nu;
- interruptor e sono.

Tempo de preparo:
- 15 horas e 23 minutos.

Modo de fazer:
- Acorde tarde (ideal que seja depois do meio-dia, mas depois das dez também vale);
- Fique na cama de preguiça (pode tirar um leve cochilo, não muito longo para não ter pesadelo);
- Leia umas trinta páginas de um livro* (pode ser digital, só não vale rede social);
- Agarre sua filha (que pode ser animal, vegetal ou mineral) com beijos demorados e cheiros no cangote (a ação escolhida fica a seu critério, mas é fundamental que haja contato físico);
- Faça uma faxina no quarto com ajuda de alguém e com música (também vale lavar a louça do dia anterior, mas mantenha a ajuda, mesmo se não houver, e a música);
- Coma pão, de preferência com geleia (pode ser com queijo minas curado);
- Deite na grama para olhar o céu (pode ser deitar no chão para olhar o teto);
- Brinque com seu cachorro (pode ser animal, vegetal ou mineral);
- Brinque de pique-esconde com alguém (pode ser virtual; a pessoa, inclusive);
- Receba uma encomenda (pode ser um livro do sebo** ou flores ou um bolo de banana, ou todas essas três opções);
- Faça café para quem te acompanha (e coma com o bolo de banana);
- Assista a um filme*** que já tenha visto (convide quem estiver por perto mesmo que não haja ninguém, sempre há alguém, ou não);
- Vá para o seu quarto e faça um chat com amigos (tome vinho, fume um ou dois cigarros na varanda, diga uma

poesia sua****, recite de cor uma poesia de outro*****, ouça seus amigos falarem poesia e amenidades; essa opção não tem segunda opção);

- Fale coisas obscenas para seu parceiro e convide-o para o quarto (pode falar, dá certo);
- Trepe com ele como se fossem ficar longo tempo sem trepar (todo orgasmo pode ser o último);
- Tenha um orgasmo intenso (concentre-se para um múltiplo – se conseguir, depois me conta como é; vale vibrador);
- Faça um filho (ou, pelo menos, tente, pois eles são a melhor parte de nós e da vida; vale dar entrada num processo de adoção – animal, vegetal ou mineral);
- Tome um banho demorado (lave a cabeça e passe um creme no rosto: aquele que a sua dermatologista receitou);
- Coma outra coisa gostosa (tipo lanche com refrigerante; vale ser animal de novo);
- Assista ao episódio de uma série****** (com quem estiver por perto; sempre há alguém, ou não);
- Brinque com sua filha, no jardim de inverno, fazendo bolinhas de sabão (a filha pode ser animal, vegetal ou mineral; o jardim de inverno pode ser sala, quarto ou cozinha; a bolinha de sabão pode ser de gude);
- Olhe a lua cheia (pode ser minguante, nova, crescente ou só um céu estrelado, inclusive aqueles de adesivo no teto);
- Ouça o som que vem do banheiro quando pai e filha tomam banho juntos e enquanto isso escreva uma poesia******* (pode ser observar o silêncio e pode escrever só na cabeça);
- Beba um copo d'água bem gelado (não tem segunda opção, tem que gostar de água pra ser feliz);
- Amamente sua filha (pode ser fazer um brigadeiro para o parceiro, para um amigo ou para você mesma);
- Perceba que esse pode ter sido um dos dias mais felizes da sua vida (e daí se não for?);

- Apague as luzes e durma nua (pode mexer no celular por no máximo quinze minutos, só não vale olhar as notícias, e tem que ser nua);
- Tente não sonhar (se não der, sonhe).

* *A vida pela frente*, Romain Gary;
** *Le spleen de Paris*, Charles Baudelaire;
*** *E.T.*, Spielberg;
**** *Para ela;*
***** *Escre(va)-me*, Mia Couto;
****** *Euphoria,* HBO;
******* *Receita para o dia mais feliz da sua vida;*

ressaca

hoje
bateu preguiça
de ter sido feliz
ontem

faro

tudo está muito certo
há algo de muito perigoso
quando tudo está muito certo

é preciso seguir com cautela
sem alardes
de mansinho
fingindo inércia
buscando os esconderijos das meias sem par
responder tudo indo
censurar gargalhadas
ter ideias falhas e palavras surdas
abrir, em público, biscoito recheado
devorar o pacote em poucos minutos
usar roupas apertadas com tarjas pretas saindo
não lavar o cabelo por mais de três dias
desfilar oleosidade com pitadas de brancos
manter olhar a quarenta e cinco graus
sorriso a cento e oitenta
lágrimas a noventa

pode ser que não percebam você
e não escolham você
e até poupem você

mas não se iluda
há algo de muito perigoso
quando tudo está muito cert___⎍⌇⎍⌇

Terceira chamada

Helena
Tito
Rosa
Inês
Ana
Lídia

mãe
pai
filha
avó
cachorro
sogra

trinta e cinco
trinta e oito
dois
oitenta e quatro
dois meses
sessenta e três

não risco
não risco
não risco
risco
riso
alto risco

o que posso ser

ela chegou
tirou-me poesia
fez nascer em mim
o que não conhecia
coisas que julguei em muitos
traços que evitei
palavras que não diria
nem a mim
nem a você

chegou devagar
bem de mansinho
me teve em seus braços
fez bolo e cafezinho
sorriu para que visse
e não duvidasse
que nutria por mim
sentimento nobre
estelar

foram costas eu dar
para que voz
tomasse ambiente
irrompesse assuntos
distorcidos
por virem de outros
desconhecidos
que bem não quero
ordinários

sou macumbeira
com pai de santo
não venhas com rosas
de plástico
que devolvo galinha
morta
não fales por trás dos panos
que enrolo-te cabeça
e corres

dicionário

dentre todas as palavras no mundo
escolhi uma para você
mala

ele acendeu um cigarro
pra mim
eu acendi um cigarro
pra ele
ele contou coisas
da vida
eu recitei coisas
da vida

pessoas foram
partindo
fomos ficando
e rindo
e dançando sem música
e bebendo
e fluindo

ele era casado
eu também
mas aquele olhar
aquele olhar me atravessou

as pessoas à nossa volta
pararam de falar
o espaço, todo ele preenchido
por nós

ao fim da festa
a sós
uma menina
bêbada
entoava canções conhecidas
com balbucios

nos despedimos
fui embora
ele também
eu pra esquerda
ele pra direita

olhei pra trás
na esperança de ter
aquele olhar
mais uma vez

no ouvido

fiz uma coisa horrível
durante uma aula
sozinha em meu quarto
a ideia me veio
hesitei, julguei
fiz

fiz uma coisa horrível
da qual me envergonho
muitíssimo
a qual pretendo esquecer
embora acredite falhar
fiz

fiz uma coisa horrível
nem médico, advogada ou psiquiatra
poderá jamais saber
no remorso solitário do ato
decido contar somente
a você

estou fugida
tento ouvir vozes que vêm de fora
alguém sofre, clama
sem léxico
uma criatura se aproxima
de certo ouviu meus passos

restam-me poucos minutos

a casa é velha
o chão de madeira range
do andar de baixo é possível
acompanhar a trajetória
de uma lesma

restam-me poucos

na dúvida
sigo até o armário
abro a gaveta
no fundo, por baixo de meias sem elástico
lá está
me enfio embaixo dos lençóis
vibro

restam-me

batidas na porta
"Mãe?"

poema do mal dito

não posso dizer
que desejo um estranho sobre mim
à revelia de meus quereres
segurando mãos contra o chão
com força de animal sedento

não posso dizer
que isso só não saciaria
meu anseio revolto
por outros tantos à sua volta
prelibando glórias
através de olhos sufocantes, corpos expostos e
movimentos bárbaros

não posso dizer
que palavras ordinárias e golpes rudes
gemidos fugidios e suplícios ineficazes
proclamariam momento fúnebre
de pensamentos invariáveis

não posso dizer
por isso, não digo

a facílima arte de andar para trás

Movida pela coragem adquirida ao descobrir brutal
segredo, Eva subiu as escadas, parou diante daquele que
tentara assassiná-la, empunhou faca e/
penso no que vou fazer pro jantar
lembro que preciso acordar minha filha da soneca
me dou conta que talvez não tenha ovo pra receita
dou uma breve checada no celular
culpa
acho que preciso voltar a ler
onde estava?

"Eu te espero há dias". Movida pela coragem adquirida
ao descobrir brutal segredo, Eva subiu as escadas, parou
diante daquele que tentara assassiná-la, empunhou faca e/
lembro que me esqueci de tomar a vitamina
levanto para tomar a vitamina
não acho a vitamina
dou uma rápida checada no celular
preguiça
culpa
acho que preciso voltar a ler
onde estava?

A voz de Otto interrompeu o silêncio. "Eu te espero há
dias". Movida pela coragem adquirida ao descobrir brutal
segredo, Eva subiu as escadas, parou diante daquele que
tentara assassiná-la, empunhou faca e/
lembro que não paguei o condomínio
penso que sou uma farsa
fico excitada

ouço o lixeiro passar
imagino que posso ser demitida
ansiedade
culpa
acho que preciso voltar a ler
onde estava?

O lugar era soturno, ventos quase melódicos embalavam
seus passos pelo corredor apertado, repleto de infiltrações
no teto e fotografias de parentes mortos na parede. A
voz de Otto interrompeu o silêncio. "Eu te espero há
dias". Movida pela coragem adquirida ao descobrir brutal
segredo, Eva subiu as escadas, parou diante daquele que
tentara assassiná-la, empunhou faca e/
penso que seria melhor parar definitivamente de ler esse
livro
ligo para a minha mãe

desculpe

eu tento fazer algo nessa loucura de vida
que atropela e machuca e bate certeira
com força de carteirada em rua de comércio natalino
que impede passadas lentas
porque rapidez é imperativo

caminho por movimentos bruscos
que não são meus
não seriam meus
mas tomo-os por defesa
pra não ser engolida
por sistema cruel, ineficaz, ansiogênico
com doses de tarja preta
que não suspendo para produzir
mas acabo escrevendo coisas tristes
ou não escrevendo
então escolho escrever coisas tristes
e melancólicas

talvez seja melhor (você) partir

fim de carreira 1

fale que minhas coisas são boas
mas não ótimas
porque se eu achar
que elas são excelentes
corro o risco
de não conseguir
fazer nada regular
pelo resto da vida

e, péssimo, me recuso

outra

fico aqui pensando se ele não preferiria outra
que tomasse a mesma cerveja, o velho licor, aquele vinho
que gostasse de churrasco e preparasse os instrumentos
da carnificina
que cuidasse feliz da criança, enquanto seu sono da tarde
acontece
que arrumasse o armário, passasse suas blusas, repusesse
sua pasta de dente

que se arrumasse com roupa de festa, num dia caseiro, na
preguiça de domingo
e pintasse o rosto com pó, blush e rímel, depois de uma
noite de fraldas e ninos
que fizesse a lista de compras e organizasse as despesas da
casa
e depois preparasse a cama do seu jeitinho, resignada

eu prefiro sumir numa festa, esconder-me no quarto,
escrever poesia
não falar com estranhos nem fazer exercício, vou morrer
mesmo um dia
bagunçar o meu quarto, deitar em cama desfeita, com
pijamas rasgados
ter controle no caos, a filha em meus braços e vontades
minhas

mostrar cara fechada quando a ajuda é bem nada e o
carinho migalha
falar o que penso, ter bem meus ataques, ser obstinada
tomar banho de lua, ler coisas bonitas e pensar que amanhã
terá, enfim, me trocado – e errado – por qualquer putinha

confusão

acordei sem saber
se estava
de bem ou de mal
com você

abismo

você que era meu conterrâneo
minha língua materna
meu colo na noite
orgasmo múltiplo

é café sem açúcar
vento no ouvido
pé congelado
estrangeiro

V
A

Você que tinha a mais bela risada
Agora produz sons estupidamente juvenis

Você que tinha os olhos atentos
Agora enxerga por círculos opacos

Você que tinha a voz mais suave
Agora grita disputando espaço

Você que entendia os meus pensamentos
Agora dissimula o óbvio cotidiano

Você que era lápis de cera
Agora é ponta afiada de 7B

ponto de vista

no canto da sala
escondida
Rosa abaixada
coisinha preta nas mãos
gestos de brincadeira
diversão

ninguém por perto viu
que aquele objeto
pueril
possuía segmentos
vinte e um
patas
quarenta e duas

tinha
nome bonito
tinha
nome feio

somente a mãe viu
que aquele animal
peçonhento
se escondia de dia
em frestas e buracos
para atacar à noite
meninas indefesas

era
centopeia
era
lacraia

gritou, pegou
matou

e, depois, emendou

fora
lagarta
seria
borboleta

uma criança chora
não a minha
a da casa ao lado
a minha chorava
há pouco
e outro pranto
não demora

seria o choro
uma corrente
que entra e sai
de corpos
num instante
que não se sente?

sendo isso verdade
eu vos pergunto
novamente
com quantos afluentes
se forma
um rio de lágrimas?

filhos

eu pedi o divórcio
para que ele ficasse com ela
enquanto eu ficava comigo
e depois ficasse com ela
para que ele ficasse

plano incompleto

há tempos faço
planos
pra dias
meses
anos

agora já não posso
ter nem
desenganos

planos
por ânus
pra nós
pornôs

pornôs
por nós
nos pôr
dos sóis

dos sóis
dois sós
dói só
o siso

somente esses
planos
pra anos
insanos

com danos
tragédias
e muitos humanos

naquele domingo

eu não quis
que o domingo
fosse sábado
porque o domingo
sendo domingo
era um dia a mais
(ou a menos)
para essa guerra
acabar

naquele sábado

eu não quis
que o sábado
fosse sábado
porque o sábado
sendo domingo
era um dia a menos
(ou a mais)
para essa guerra
acabar

naquela sexta

eu não quis
que a sexta
fosse sexta
porque a sexta
sendo sétima
era um tom a mais
(ou meio tom a menos)
para essa guerra
acabar

a boa face do descontentamento

ele estava triste
e porque estava triste
eu o abracei

ele envolveu
sua face em meu pescoço
e por isso procurei sua boca

ele me entregou
seus lábios molhados
e então explorei-os
com minha língua

ele despejou lágrimas
que escorreram peito abaixo
e não tive escolha senão exibir
seios encharcados
por sua melancolia

ele deitou-se no leito
repleto de amarguras
e com crivo
procurei seu membro rígido
sob os lençóis

ele gemeu
voluptuosamente
e contendo-o busquei
caminho para acolhê-lo
em meu sexo

ele emitiu
clamores de deleite
e sobrou-nos algazarra

ele limpou-se em ducha cálida
e mirando-o
deslizo os dedos
traçando vocábulos
no vidro embaçado

ele dissaboreia
eu poetizo

descartes

clico,
logo compro

portrait

voltei a me ver como o Retrato de Dora Maar
olhos desnivelados
nariz deformado
dois rostos
oblíqua

da última vez que isso aconteceu
cobri todos os espelhos da casa
com jornais e papel cartão

cancelei compromissos
faltei a festas
inventei viagem
sem data de retorno

tranquei-me na sala
das criaturas cubistas
e chorei

passei noites acordada
querendo saber
por que eu e não o outro

há de ser
alguém
respondeu

por que o outro e não eu?

rotina

não fiz nada
ou – incorreto –
fiz nada
tanto faz
como fiz
ou – correto –
não fiz
porque – na verdade –
nada fiz

estupidez

vivo
querendo ser magra
sendo
querendo não ser feia
não sendo
querendo ter dinheiro
tendo
querendo viajar
viajando
querendo ter êxitos
tendo
querendo um amor
amando
querendo ser
sendo
sem saber

fim de carreira 2

aí, eu pensei:
como posso ter tanta coisa na cabeça?
e já não tinha mais nada

discordância

deveria ser alguém
que fosse alguém
ao morrer
pra mostrarem minha foto
a netos e bisnetos
dizendo
"olha, ela foi alguém"?

ninguém não sou
desde que nasci
sem querer
já sou alguém

mas por que mesmo
nascer
se persistirá apenas
morrer?

obituário

Comunicamos a morte de nossa mãe, mulher, filha, irmã, tia, prima, sobrinha, sobrinha-neta, meia-irmã, tia-avó, cunhada, nora, patroa, escritora, ex-namorada, amiga, roteirista, inimiga, chefe, aluna, discípula, pianista, diretora, cliente, bailarina, funcionária, paciente, leitora, analisanda, professora, aspirante a muita coisa, amante do nada.

fuga

saímos
tristes
sem esperança
sem rumo

num dia de sol
por estradas
cheias de curvas
subimos a serra

olhares vagos
ultrapassando
montanhas e vales
silêncio, pouca conversa
um mundo de coisas
na cabeça

chegamos lá no alto
bem lá no alto mesmo
na menor distância possível de um arco-íris
onde parar?

procuramos espaço com sombra
só havia mato baixo e lavandas
ao longe, uma construção
abandonada

era uma casa
uma casa grande
uma casa inacabada

uma casa com sala, cozinha, banheiros e quartos
uma casa suficiente para nós

não havia revestimentos
nem portas
nem trancas
a piscina era buraco vazio
o jardim era terra batida
com capins esparsos

havia lama
mosquitos
teias de aranha
havia caixa d'água barrenta
cimento

não houve dúvidas
acháramos lugar ideal

desopilamos carro
montamos mesa
e cadeiras de praia
estendemos toalha
distribuímos copos
comemos
bebemos

depois corremos atrás de
Rosa
nos escondemos com
Rosa
cantamos e dançamos para
Rosa

ouvimos histórias velhas
novas pra gente
de antigos parentes
lembramos de histórias antigas
velhas pra gente
de novos parentes
contamos histórias novas
antigas pra gente
de velhos parentes

assistimos ao cair do sol
como se a paisagem fosse nossa
eternizamos sorrisos
em vinte e quatro quadros
choramos entre abraços,
beijos e afagos

quando a lua apareceu
e as estrelas chegaram pra festa
recolhemos nossa bagunça
varremos nossos vestígios
nos despedimos

partimos
alegres
com esperança
e rumo

a-tirar-se

procurar na sua boca
o beijo que encaixe
a dança da língua
o tempo do estalo

entrar sem saber
se é curto ou moroso
se circunda como cobra
ou se aprofunda no ato

sem querer, errar compasso
bater dente
desencontrar espaço
descobrir a aspereza
mirando deslize
d'encharcar lábios

beijo é caráter
sendo ruim
é péssimo
sendo bom
case

Quarta chamada

Helena
Tito
Rosa
Inês
Ana
Lídia
Pina

mãe
pai
filha
avó
cachorro
sogra
feto

trinta e cinco
trinta e oito
dois
oitenta e quatro
dois meses
sessenta e três
oito semanas

não risco
não risco
não risco
risco
riso
alto risco
riscos e risos

dentro de mim cresceu uma vida
a partir de outros corpos
que um dia se encontraram
numa aula de teatro
e ensaiaram cena
com desfecho molhado e carnal

desse gozo, fez-se fruto
que nasceu debilitando nossas árvores
florescendo plantações únicas
em terrenos opostos

dessas sementes, novas árvores brotaram
desconhecidas, tímidas, reticentes
por serem provenientes de outras, mortas
desgastadas e perdidas

vendavais depredaram campo
inundaram matéria pronta pra germinar
memórias fétidas em transparência
realocaram anseios sexuais

e, agora, dentro de mim cresce uma outra vida
a partir dos mesmos corpos
que um dia se desencontraram
num puerpério febril
e estrearam peça
com desfecho vivo e astral

tenho ideias boas para coisas ruins
ideias ruins para coisas piores
faço coisas medíocres
enquanto outros alcançam
estupendas realizações

esforço-me para conseguir algo de bom
desperdiço horas de sono e lazer
na esperança de um dia fazer
uma pequena coisa boa
uma mínima, significativa coisa boa
não tanto formidável
nem tão grandiosa
apenas boa
legitimamente boa
modestamente boa

enquanto outros
tantos outros
quase todos os outros
uma parcela desmedida de todos os outros
fazem coisas belíssimas
celebradas, comentadas, adoradas
deixam marca
causam inveja
provocam raiva
transformam história

e eu aqui
bracejando em maus pensamentos
– esbanjando tempo, procrastinando, desatinando –
só
buscando memórias

analgésico

eram quatro, cinco
iam descendo intervalados
como um salto
no escuro

faziam tudo que podiam
pra curar minha dor
meu desatino
desalento
um pulsar insistente

cá dentro da cabeça
vejo tudo deformado
estou perto demais
parte demais
sendo demais

a distância não é palavra
possível
é passiva
não minha
estou imóvel
insignificante
no ato

sou poeira
de pensamentos
perdidos
vastos em sua
insistência

já fui água
sou excesso de ar
quisera fogo
estou terra

nada mais me choca

não dê rumo a feiticeira

basta que a vida de outro
seja desagradável a ponto de nos entreter
para que nos estranhemos
como porcos de batalha juvenil

há quem diga que o amor
se renova com o tempo
pois eu digo que ele se transforma
em coisas maléficas
em disputas por pequenezas
e jogadas esdrúxulas na cara

discordar de você
passa a ser gatilho para acusações
passadas, resolvidas, secas
como as roupas de um varal abandonado
em tempos de cólera
que sobe pelo corpo
transformando-se em verbos
e palavrões inadequados

não diga vá a merda
pois sou desobediente a coisas justas
e fiel às absurdidades
corro até lá, pego um punhado,
e esfrego em tua cara
com feitiço de superbonder

não

posso ser
brisa
nasci
tempestade

manual do diretor

receba um convite
e, se for bom, aceite com gosto
comemore por minutos
não mais que uma hora

finja esquecimento
crie uma dúvida qualquer
e ligue para o autor
pergunte tudo o que for possível
e anote
e abra janelas no computador

devore storyline, argumento
sinopse, escaleta
roteiros que houver
a informação que vier
guarde tudo na cachola
e passe um fim de semana a sós
ou convide amigos pra fumar, trepar, dançar
como se fosse um fracassado
desempregado, arruinado

ao fim disso tudo
devore storyline, argumento
sinopse, escaleta
roteiros que houver
a informação que vier
mas, dessa vez, escreva
ideias, dúvidas, ideias, frases
cores, ideias, rostos, nomes

ideias, músicas, sensações, ideias
linguagem, atmosfera, pessoas, ideias

não busque referências até saber
exatamente o que quer fazer
até fechar os olhos e enxergar
tudo ali
os atores, a câmera, as cores
o som, a forma, o tom

escreva suas impressões numa lauda
de forma simples, objetiva
e, depois, as leia em voz alta
como criança em seminário de escola
vazia, sem professores nem alunos
em quarto hermético, mudo
encarando parede lisa
projetando nela a imagem
que existirá por certo um dia

aí, sim, monte equipe
chame os que mais gostem de você
e os de que você mais goste
mesmo sem prêmios,
currículo vasto ou exímio saber
se juntos souberem extrair a beleza
se em suas vozes houver delicadeza
se em seu fazer habitar o amor
chame-os sem dúvidas
com clamor

reúna-os numa sala
e conte-lhes a estória
como se houvesse-lhes sido dado

presente a ser filmado
algo de profunda magnitude
ou trama instigante
ou fato curioso
ou enredo marcante

deixe-os criar, propor, errar
sobretudo, errar
essencialmente, errar
estimule-os a apresentar
seus olhares, divagações,
referências, sugestões

bem devagarinho, pegue em suas mãos
como se mãos não houvesse
para que naveguem pelo seu mar,
em barcos próprios
para que alcancem o seu destino,
sabendo como chegar ali

quando não houver mais nada a ser dito
quando dormir for penoso
e acordar um suplício
comece a filmar
e assista a todos à sua volta
brilharem

o que não quer calar

eu viro outro ser humano
outra pessoa completinha
falo coisas com entonações
diferentes das que usaria
finjo comportamento sensato
lucidez

não esboço reações extremas
nem faço piadas ligeiras
não tenho ideias criativas
todas burocráticas
sigo a manada
dos rinocerontes de Ionesco

é como se alguém sussurrasse
cuidado
cuidado
cuidado
um passo em falso e você perderá tudo

hein, chefe, seria tudo tudo isso mesmo?

sonho erótico

meu celular tocou

ele entrou
despiu-se
despiu-me
deitou
deitei-me

não sabia
se dormiríamos
se beijaríamos
se trepríamos
trepamos

aquele olhar
não consigo me livrar
daquele olhar
de desejo
aquele olhar
que te faz
aquilo tudo
que quer ser
aquele olhar
sem julgamentos
inundado de tesão
sendo seu corpo
olimpo do deleite
estrada do gozo
apoteose

é aí onde quero fincar minha morada

zênite

a água concedeu-me primeiro orgasmo

ignorante e encantada por estupenda corrente
seduzi outras a sentirem-na também
transmiti instruções, mas não adiantei impressão
respeitei intimidade, saí de cena
para que pudessem, cada uma a seu tempo,
receber sublime dádiva

voltavam possuídas de arrebatamento
sem verbo, substantivos ou predicados
tomadas por interjeições, risos, rubores
e uma única pergunta:
"posso dormir aqui hoje?"

tornei-me mestra do gozo celestial
aquela a quem iniciação havia sido dada
e a quem propagação havia sido confiada
ganhei eleição para representante de turma
ditei moda e expressões juvenis
formei séquito de moças do deleite

hei de morrer pela água,
pois dela nasci e nela batizaram-me,
por ela usufrui e reparti volúpia,
com ela cairei satisfeita em desuso,
por ela lograrei orações de pares fartos,
através dela chegarei às alturas

poesia é

dispor de mar
usar gota
escrever oceano

a boca

olhei sua nova foto
fixei-me nos lábios vermelhos
aumentei-os na tela
estavam intumescidos

imaginei se teriam beijado outra boca
outras bocas depois da minha partida
quantas bocas teriam beijado
sem que consentisse desrespeitoso ato?

e, de repente, achei-a mais bonita

visita inusitada

hoje, meu pai,
que há muito não é carne
que dói como dói a saudade
que se faz lembrança que evapora
apossou-se de forma, tornou-se ar
e dançando com destreza
como vento fez corrente em meu ouvido
sussurrando palavras conhecidas
indicando o que a ele é sentido

fizeram dele o que dele não se tira
os livros que meu pai leu
eu leria

a resgatar

a preguiça ao acordar
o beijo ainda na cama
o café da manhã sem pressa
a roupa que me prouver
o cabelo despenteado
a meia com chinelo trocado
a brincadeira numa brecha
a receita pro bolo do lanche
o namoro no fim da tarde
a vista do sol se pondo
a descoberta da primeira estrela
a lua que vem surgindo
a música brasileira
a dança com corpo colado
a palavra ao pé do ouvido
o banho bem tarde da noite
a água compartilhada
o colo na rede
o abraço apertado
a reza pra quem se preza
a ambulância pr'aquele que chama

meditação

tudo vai dar ~~errado~~
tudo vai dar ~~erra~~do
tudo vai dar ~~erra~~to
tudo vai dar ~~err~~rto
tudo vai dar ~~er~~erto
tudo vai dar ~~e~~certo
tudo vai dar certo

mundo animal

éramos ratos de laboratório
procurando saída de labirinto
somos ursos de barriga cheia
esperando o inverno passar

equação das simples resoluções

POLEMIZAR
-L
POEMIZAR

revolver-se

correr atrás do tempo
que tempo perdido
é ser réu confesso
no seu julgamento
é remordimento
latido no peito
é língua ferida
orelha torcida

voar com o tempo
que tempo encontrado
é ser inocente
sem pito ou sentença
é vangloriar-se
de ter algum feito
que não emudeça
no esquecimento

relativo

tem pós
que são
tempos
sem nós

tem sóis
que
tem pós
de estrela

excesso

sou ruína
desastre e ofensa
em tempo nenhum
floresci tanto

tempos modernos

escolho livro
pego livro
abro livro
fecho livro

escolho filme
play no filme
paro filme
desisto do filme

escolho cama
vou à cama
deito na cama
levanto da cama

escolho escrever
penso no que escrever
não tenho ideia do que escrever
nem começo a escrever

escolho sexo
procuro sexo
não tenho sexo
não faço sexo

escolho comer
abro a geladeira pra comer
não há nada que queira comer
saio da cozinha sem comer

escolho pensar
penso no que deveria pensar
não há nada para pensar
penso

escolho recomeçar

Última chamada

Helena
Tito
Rosa
~~Inês~~
Ana
Lídia
Pina

mãe
pai
filha
~~avó~~
cachorro
sogra
feto

trinta e cinco
trinta e oito
dois
~~oitenta e quatro~~
dois meses
sessenta e três
quarenta semanas

não risco
não risco
não risco
~~risco~~
riso
alto risco
riscos e risos

Agradecimentos

Ao Domingos Oliveira, pela chama
À Martha Nowill, pelo princípio
À Adriana Falcão, pelo entusiasmo
À Maria Ribeiro, pelo agito
Ao Jorge Furtado, pelo rumo
À Vanessa Cardoso, pelo pórtico
À Natalie Lima, pelo apuro
À Eugênia Ribas, pela estrada
À Lúcia Riff, pelo esteio
Ao Rodrigo Faria e Silva, pelo pouso
Aos meus pais, pela causa
A Pedro, Julia, Laura e Graça, pelo fascínio

Este livro foi composto com a tipologia
Chaparral e impresso em papel
Pólen Bold 90g/m² em setembro de 2021.